귀중한 오늘

김남조 16시집

귀중한 오늘

시학
Poetics

새 시집을 펴내며

"오늘은 귀중한 날이다"
 이 말이 근래의 내 예습언어이자 복습언어이다. 어느 날 문득 이 말을 나 자신에게 주입하여 식물처럼 기르고 있다. 이 날에 만난 사람이나 대화 내용, 지구촌 단위의 쾌속한 정보들이 흔들어주는 정신적 지진, 읽은 책이나 듣게 된 음악까지 모두가 특별하고 심각하지 않을 수 없다.
 하루의 삶이, 실패한 작은 생애라고 여겨질 때의 회한은 누구에게나 있으련만 근래의 나에겐 각별히 심각하고 비애스럽다. 더 어떻게 무엇을 이루거나 보태고 싶었는가를 되짚어 보니 남다른 욕구가 있는 것도 아니었다.
 생각건대 그간에 흘려보낸 적지 않은 세월 동안에 서서히 내가 삶과의 친숙에 다다랐고 그 음미에도 맛들여 이제야말로 심도 있게 삶을 좋아하게 되었고, 그리하여 남은 날의 한정된 시간 안에서 나 나름으로 삶에의 보은이라 할 의도로 더 공들이며 살고 후회의 부분을 줄이고 싶었던 심정일 듯싶다.
 참으로 여러 가지가 은혜로웠으며, 시 역시도 내가 시를 써왔다기보다 시가 나에게 시혜자의 성질로 서

있었다는 인식을 근래에 갖게 되었다. 시에의 지향과 책무가 있었기에 자아 상실이나 인간성 상실을 크게는 벗어나지 않았을지도 모르며 또 하나는 나의 어쭙잖은 신앙 그 다음쯤으론 시가 내 정신의 척추 같은 것이었음을 확신한다.

오늘 바라는 바는 처음으로 기도하는 사람처럼, 처음으로 시 쓰는 사람처럼, 처음으로 사람이 놓친 울음에 참여하는 사람처럼 절실하고 청신하고 용맹하게 내 남은 시간을 살아가기 원하는 그것이다.

내가 만난 모든 사람들과 만나지 못한 미지의 그 무수한 사람들이 함께 동시대의 인류를 형성해 온다는 사실이 새삼 숙연하게 내 심신을 뒤흔든다. 외람된 허풍으로, 격랑의 동시대를 함께 살고 있는 모든 이에게 내가 오늘 사랑의 고백을 공손히 바친다.

2007년 8월
효창동 우거에서
김남조

차례

■ 새 시집을 펴내며   4

제1부

야영하는 깃발   13
면류관   15
느슨한 기도   17
자책과 놀며   18
진검 · 1   21
진검 · 2   23
기차   25
메아리의 메아리   26
어느 세월 누구에게나   29
아이   31
원경遠景   32
소식   35
잠언   37
평화   38
끝의 사람   40
시에게 잘못함   42
독도를 위하여   44

제2부

사막 · 3	48
사막 · 4	50
사막 · 5	53
사막 · 6	54
사막 · 7	56
사막 · 8	59
사막 · 9	60
사막 · 10	62
즐거운 고래	64
사람의 가슴	67
노약자	68
친구	70
거울 속의 거울	72
집 짓는 사람	74
벌	77
나의 지병	79
조각보자기	80

제3부

노을 · 2   85
노을 · 3   87
바다 카나리아   88
승천   91
환한 경치   93
섣달 그믐날   94
나비의 노래   96
모순   99
말의 연금술   100
시 쓰는 날   102
조용한 시간   105
아가의 생일   107
위험한 사회   109
어떤 나라   111
보름달 사백 번이 솟아   112
책 읽는 서울   114
친구의 안부   117

제4부

하늘깃발　121
골목길　122
삶의 진맥　124
저문 세월에　127
일상의 행복　129
이별의 사연　130
쾌유를 위하여　132
떠나는 이를 위하여　135
그 일 후에　137
자식의 일　139
슬픈 날에　140
답안지　143
희망에게　144
침묵　147
절망에 싹트는 희망 있으니　148
오승우의 십장생　152
열린 마음의 나라　155

■ 포응과 소망의 언어/ 고은　156
■ 산문　159
■ 약력　167

제1부

야영하는 깃발

오늘도 해 저물어
사람들 저마다 제 집으로 가고
집 없는 이도
외로움 데리고 어디론가 스며들었다

외등보다 얼마 높은
공중에서
펄럭펄럭 숨쉬는 깃발
— 살아 있고 살아야 한다는
지상의 독백들이
꽃씨처럼 날아올라
펄럭펄럭 함께 호흡하니
잘은 모르겠으나
칼집에서 나온 칼처럼
시퍼런 것이구나

면류관

가시나무의 가시 많은 가지를
머리 둘레 크기로 둥글게 말아
하느님의 머리에
사람이 두 손으로 씌워드린
가시면류관
너희가 준 것은 무엇이든 거절치 않노라고
이천 년 오늘까지 하느님께선
그 관을 쓰고 계신다

느슨한 기도

전날의 제 탄원은
한 발의 성급한 탄환 같더니
오늘은 정온의 실오리로
옷 한 벌 얇게 지어입고
조는 듯 깨는 듯이
느슨한 간망을 아뢰나이다

세월의 즙에서
늙은 거미의 거미줄 같은
실 몇 타래
깨는 듯 조는 듯이
풀리는 것이나이다

자책과 놀며

내가 지쳤다는 사실을
자책한다
나태와 안일 그 피부병을
자책한다
이다지 감미로운
시간 죽이기를
자책한다

미지근한 온도
희석된 긴장
절망보다도 무개성한 허탈을
자책한다

달력엔
자책의 날짜들만 잇달아
숙달 외길을 달리는
자책 취미를

자책한다

많지 않은 세월에
자책과 노느라
나의 밤낮이 바쁘다
하여 바쁘게
자책한다

진검 · 1

진검을 지닌 이
진검 그것 외엔 가진 거 없는 이는
좀체 칼을 뽑지 않는다

한 남자와 한 여자도
사랑한다는 마음의 진검을
평생 동안 아껴 말하지 않았다
그러나
모든 날에 서로
알고 있었다

진검 · 2

오랫동안
평생보다 좀더 긴 동안
칼날 벼르어 왔다
무쇠가 차차로 덥혀져 추운 밤엔
더러 품고 잠 잔다

동틀 무렵
칼집에 넣어주면서
아득한 옛 시절
그의 아내라는 칼집에 넣어두고 울었던
사람 하나가
벼르어진 칼날의
맑은 거울 속에
와서 있음을 본다

기차

기차가 멈추고
사람 하나 내 앞에 내렸다

그 사람은
나의 식탁에서
내 마음 몇 접시를 먹곤
그의 종착역으로
다시 떠났다

그 후에도
기차는 간혹 내 앞에 멈췄으나
누구도 내리질 않았다

세월이 내 눈썹에
설풋이 하얀 안개를 덮는 날
내가 기차를 타고
그의 세상으로 갔더니
그 사람이
마중 나와 있었다

메아리의 메아리

어딜 좀 갑시다
산수 호젓하고 나무벤치 놓인 곳
낮게 부는 바람 함께
쉬러 갑시다
병 고치러 갑시다

혼잣말 했을 뿐인데
좋은 제안이야 찬성 찬성이라며
여러 사람 손들고 나선다
와아 신기하다
혼잣말도 메아리 울리나봐
메아리의 메아리까지 퍼지나봐
초현실의 기계 작동했나봐

하면 지치고 쓸쓸한 이들
모두 나오세요
쉬러 갑시다

병 고치러 갑시다

나무벤치 여기저기 여러 형제 사는 곳
전생에서 정들인 산수
그런 곳으로
마음 비우고 갑시다
외로운 이들
다 함께 갑시다

어느 세월 누구에게나

그윽함이여
정신문화의 진수는
눈부심 아니, 꽃다움도 아니
그저 저절로
어느 누구에게나
청명과 치유이느니
지혜로운 이들
저마다
이리 기도했느니

아이

지나간 연분들과의 사이
못다 푼 실타래의 심사心思를
나는 「아이」라 부른다
몸 다친 아이,
마음 다친 아이,
할 말 많은 아이와
전혀 말 없는 아이.
자라지 않는 아이와
성급히 늙는 아이,
저마다 얼마간 비극적인 건
피와 살을 준 내 탓이다
엄마 탓이다

나의 아이들아
나의 아이들아
그리고 또 나의 아이들아

원경遠景

숲의 원경은 신비하다
안개창호지와 바람망사를 두른 저곳은
다친 마음들이 쉬러 가는
지상의 끝방이려니
저곳에 나도 잠입할거나

햇빛 수런대고
나무마다 푸르게 약동하는
숲의 육신은
너네의 것, 당신들의 땅입니다라고
후련히 양보해버리고
그림자 언저리
안 보이게 물러나 앉는 저곳
고요와 평온 속으로
나는 흡수되어야 해
내 병을 고쳐야 해

부상 입은 세월도
모처럼 허리 펴고 누워 있는
만병치유의 고즈넉한 뒷방에
필히 들고 지노니
아아 진실로 진실로
나는 지치고 남루하다

소식

어떤 잘못이라도
그 수백 번이라도 용서하리니
나 사는 동안
그대 살아만 계시어라
오로지 빌었거늘
어느 잘못 그 하나도
손대지 않고
하필이면
유일한 금기의 화살과녁을
펑 뚫었구나

… 그대 비보

잠언

오래전 어느 책에
특별히 밑줄 그은 글귀가 있었다
구름 같은 세월 지나간
오늘
동일한 구절에
다시 감전된다

    나는 그대가 이렇게 통곡함을 들었다
    그를 사랑함이 모자랐다
    그를 사랑함이 모자랐다 — 괴테 —

평화

누구라도 그를 부르려면
속삭임으론 안 된다
자장가처럼 노래해도 안 된다
사자처럼 포효하며
평화여, 아니 더 크게
평화여, 천둥 울려야 한다

그 인격과 품위
그의 출중한 아름다움
그가 만인의 연인이며
새 천년 이쪽저쪽의 최고 인물인
평화여 평화여 부디 오십시오라고
피멍 무릅쓰고 혼신으로
그 이름을 불러야 한다

그러나 호명만으론
그가 안 올지 몰라

평화가 모자라서 죽어간 형제들이
세상에 두고 간 그 수저로
못다 먹은 저들의 밥과 희망을 먹어주고
우리의 밥과 희망도 먹으면서
인류의 이름으로
사랑보다 더한 사랑을
고백할 때
아아 평화여 신성한 심장이여
필연 그가 오리라

끝의 사람

나의 끝날
아쉬운 작별들의 후순위로
만감의 일별…
그가 누구일까

마지막 음악이
주사액처럼 느리게 혈관으로 스미고
흐린 조명, 임종의 기도
이때에
한 마디로 줄이는
내 최후의 축원은
누가 그 주인이리

태양 같은 시력으로
나의 숨긴 마음도 읽어낼
누군가 있단다면
저승에 한 끝이 닿은 내 동아밧줄의

이쪽을 잡고 있으리
천천히 놓아주리

다음 세상
구름 떼 이 있는 사람들 속에서
만나 즉시 알아볼
젖은 눈시울의
한 사람이
혹시 당신인가

시에게 잘못함

시가 안 쓰이는 한 철
벼랑에 세워져 사납게 흔들리는
기이한 공포…
이런 때 우리는
어떤 예배를 올릴 것인가

어느 날 시가 쓰여진다
혈액처럼 고여오는
아니 혈액 자체인 그것을
원고지 위에 공손히 옮긴다
한데 야릇한 의문이 섞여 치받는다
더 오래
절망해야 옳지 않았을까

여러 세대에 걸치는
소수의 진정한 독자들
그들의 가슴을 관통하기엔

화살이 허약한 게 아닌지
시적 진실성의 함량미달로
친구인 시인들에게
환멸을 끼칠 일은 아닌지

시인이여
우리는 시에게 잘못하는 일이 많다
하면 오늘밤 각자의 시 앞에
속죄의 등불을 켜고
새벽녘까지 천년처럼 긴 밤을
피땀으로 고뇌하며
시의 참 배필로 있자

독도를 위하여

적막하다 적막하다고
우수의 역사 그 심연에서
습습하게 서려오는 독백의 안개
자욱하다

오천 년 韓國史
그 어른은
가물가물 솟아 있는 두 봉우리의 돌섬을
불면의 눈시울에
연일 담으시느니

유구한 세월
사백팔십만 년 동안
뼈마디 앙상하게 서서 견딘
우리 국토
동쪽 끝 사람의 곧은 척추를 탐하여
문설주 저리 흔드는 소리…
낭패로다

다시금 식민지의 치욕이
화산 유황으로 끓어오르고
달군 강철판 같은 고뇌를
우리가 왜 껴안아야 하는가

독도여
동해 수평선 위에
수직의 거대한 바위로 서 있는
강직한 고독, 고독의 최고사령부여
날마다 심장 찢기고
밤마다 심장 아무는
프로메테우스여

아아 이리 늦게 사랑하는 사랑은
쓸쓸하구나 아득한 것이구나
동쪽 끝 사람이여
동쪽 끝 사람이여

제2부

사막 · 3

사막의 조난자들은
수십 일을 헤맨 후 신기루 속의
우물과 사람을 보고
손을 내젓는다
누군가를 이름 부르기도 한다
모래의 바다
바람의 글씨
수직으로 쏟아지는
태양열 불수레

눈물에 섞인
극소량의 소금이
눈자위와 입가에 빛의 분말로 남은 채
탐사기록의 끝줄을 쓴다
「아직 4, 5일은 더 살 것 같습니다
저의 신앙은 변함없기에 두렵지
않으며 지금 제 정신은 맑습니다」

그는 아프리카에서
중앙아시아로 가던 중이었고
귀중한 탐사자료와
숭고한 열정을 전해준다

사막 · 4

하늘과 땅이
너무 멀리 서로 물러나 있어서
가운데가 텅 비었다
이 공포스런 거대허공,
지구상의 큰 산들을 깎아 다듬어서
소슬한 벽 가리개로 세워본들
그래도 어림없는
헐렁함이겠거늘

한데 이 점이
오히려 취미에 꼭 맞아서
한 번 사막의 오지를 느껴본 후엔
어디에도 떠나지 않는 이들이 있다
평생 동안 신을 찾아다닌
구도자나 은수자에겐
이곳이야말로 더없이
신의 충만이기 때문이란다

우리 일행은 겁먹고
풀썩거리는 도로를 우회하면서
그런대로 경례 한 번은
공손히 올리고 지나간다

사막 · 5

네바다사막의 우기는
한국에 눈 내리는 이월이란다
초록전등 한꺼번에 불 켜지면
사막 큰 몸이
거대한 허파 되어 숨쉬리
고통 없었더라면
이 짧고 희귀한 사막의 청춘인들
어이 있으리
헐렁한 고요와 잘 생긴 축복
어이 솟으리

나 그곳에
감격하는 임무로 가서
감격 고맙습니다
감격 고맙습니다
하늘 땅 동서남북에
절하며 고하련다

사막 · 6

어느 하룻밤
사막에 머무르리
한 줌의 모래 한 숟갈 이슬로라도
그 율연한 공포와
억만 톤의 고독에
안겨보리

"동아밧줄을 내려주세요"
동화 속 가련한 오누이의
동아밧줄이
가물가물 너울거리는 거
어둠 속에 흐릿하게 잡힐지 몰라
그런 거 보고 싶어

바람이 쓰는 글씨
다음 바람이 지우고 다시 쓰는
한밤의 모래바다

그 후벼 파이는 가슴을 보며
함께 울고 싶어

칠흑과 혹한으로
나사처럼 조여진 사막의 밤은
관 속처럼 무서울 거야
당신입니까 외쳐보면
당신입니까 고작 메아리 울려
이를 듣는 마음…
그래서 가보고 싶어

아직 못다 채운
내가 받을 형벌로는
그게 딱이야

사막 · 7

사막은 무서워
휘파람 불면서 조약돌 나를
멀리 던질지 몰라
그렇긴 해도
슬며시 옆자리에
다시 와 넘쳐주리란 믿음이
나를 황홀하게 해

사람의 남자는
어디론가 어디론가 가곤 없는데
돌산, 소금평야, 지평선까지도
그 몸의 의복으로
헐렁하게 걸쳐 입고
천년만년을 한 자리에 머물
그 신용 하나에
나는 반해버렸어

휘파람 휘휘 불며
조약돌 나를 던져도 좋아
무서워서 오금 저려도
여전히 나는 좋아

사막 · 8

하늘과 땅이 아니고
하늘땅의 영혼이 사시는 큰 집이어라
삼라만상 영혼들의
유구한 서식지요
동서고금에서
제일로 유명한 고독도
이곳이 유서 깊은 본가여라
아아 너무나도 가득 차 있어
실바늘 하나 찔러 넣어도
영혼의 골수가 흘러나올
… 이 사막

사막 · 9

광막, 율연하다
태고에서 오늘까지 배필을 아니 들인
독신자의 영토
이 사막

몸이든 마음이든
짝 없는 이들
이 천지간에 종이 한 장으로 얇게 끼운다면
펄렁펄렁 몸서리칠 테지
누구나 다 혼자라고
광야의 음성 우렁우렁 울릴 테지

저마다 누군가의
아픈 조각이거나 부스러기
그 운명이면서
캄캄하여 한 생의 시간쯤으론
더듬지 못했는가

사막이 무섭다
절대의 절대적 오만과 비정이
너무 무섭다
하지만 사막이여
하늘 아래 짝 없는 모든 이는
필연 당신의 자식이다

사막 · 10

사막 초입에 소금평야라니,
일광 불인두로 수분은 지져 말려
응고된 소금 널빤지가
마법의 큰 거울 같다

땅 속엔
무슨 이름인가의 지층들이
책갈피처럼 차례로 접혀 있고
첩첩 그 끝은
지구 저편일 테지
금 없인 살아도 소금 없이는 못 사는
보물밭 저만치가
저절로 결결히 빛부시구나

눈 감아라
눈 감고 소금의 영을 묵상하자
짜디짠 맛의 이 간절한 소금사리는

대자연의
어느 뼈에서 왔는가

정녕 눈 감아라
보는 일 잠시 아꼈다가
다시 바라볼 그때
진실로
눈의 영광이리니

즐거운 고래

작살 꽂혀도
노래할 수 있는 거구나
가시관을 쓰신 하느님만큼은 아니어도
부상 입은 고래
상당히는 거룩하다

숨쉬는 섬 그는
순식간에 대양의 피부를 찢고
너는 거기 나는 여기라고
바닷길 4킬로를 사이하고
낭랑히 교신하느니

어느 힘센 파도로도
이 하나
대못은 뽑아주지 못해
검은 대리석 같은 근육에
깃봉처럼 깊이 박힌 무쇠작살이라니

피와 녹물자국에
소금물이
석유불 붙이련만

나는 여기 너는 거기라고
순도 높은 순정으로 높고 맑게
노래하는 고래,
노래하고 노래하고
더 노래하라

아아 사람인 고래

사람의 가슴

통계에 의하면
매시간 사람의 가슴이 파열하는데
부부관계 외의
사람의 사랑을
승인하지 않아서란다

통계는 아니나
매시간 사람의 가슴이 파열하는데
부부관계 안의
사람의 사랑이
무한 권리여서란다

노약자

노약자,
이 이름도 나쁘진 않아
그간에 삼만 번 가까이는
해돋이를 보고 해 아래 살아
해의 덕성과 은공을
웬만큼은 일깨웠는지라

사람의 마음도
삼만 번의 열 갑절은
밝거나 흐린 음표들의 악보로써
나의 심연에 흘러 닿아
사람의 노래를 아는 실력의
웬만큼은 되었는지라

노약자,
무저항의 겸손한 이름이여
으스름 해 저물녘의

초생달빛이여
치수 헐렁하여 편한
오늘의 내 의복이네

친구

오늘 아침
불현듯 그 사람 생각 간절하니
그 집에 가서
살얼음 아래 샘물 퍼올려
물동이 채워주리
나의 수첩에
그의 공복 시간과
그가 간혹 울음 울 때를
예측하여 기록하리

겨울 지나면
봄이 오는 당연지사도
감격으로 기다리자 일러주고
때때로 폭풍 덮치는 쓸쓸함도
가슴 쓸어 낫게 할
음악
알려주리라

친구여
전날에 그대가 내게 해준 그대로를
내가 되돌려주리
그대의 사랑 원수 갚아주리

거울 속의 거울

비가 내리는 모습을
처음으로 자세히 본다
아침부터 와 있던 옛 친구 나의 슬픔과
「거울 속의 거울」이라는 음악
아니고
음악의 영혼인가 싶은 이 선율을
반복으로 작동해 들으면서
하염없이 비를 본다

또 다른 나의 한 생애를
지금 사는 것 같다

비는 수직으로 내려와
빗물 웅덩이의 수평 잡힌 살결을 가르고
원추형의 아주 작은 물기둥으로
서는 찰나 용해된다
창문을 타고 내리는 비는

가늘고 길게 약간 휘면서
유리 위 실금으로 흐른다

이리 많은 눈물은 처음 본다
누군가의 눈물이 저절로 따라 흐른다
아니고
합창처럼 한꺼번에 우는
외로운 사람들의
거창하고 후련한 눈물이다

날이 저물고 세상의 모든 등잔에
신성한 등유가 채워진다

집 짓는 사람

집 없는 사랑들의
집을 지어줄
바람처럼 헐렁한 목수 오시어
추운 사랑들이 기댈
벽이 있으라 지붕도 있으라고
원하고 일하시어
집 한 채 짓는다면

풍금 나직이 울리고
물거울엔 어여삐
그리운 얼굴 비추이며
일용할 양식은 곳간에 마련되고
출입문엔 빛이
사람보다 먼저 들어서거라 하여
이대로 이룬다면
그후에 구름처럼
그분 떠나신다면

나의
오랫동안 집 없어 춥던 사랑은
그러나 이 집에 들지 않으리
필연 언젠가 다시 와서 이 집 살펴볼
그분의 귀가를 믿고
사방이 트인 길목에서
오로지 그를 기다리리

벌

하느님
다른 벌은 면해 주십시오
재주 없이 시 쓰는 이 형벌이
한평생 사계절의
비바람 넉넉하듯
제게 넘치나이다

나의 지병

한평생을
순간 단위로
한 순간씩 가파롭게 살아간다
은밀한 내 지병이다

한 생애 동안
긴 긴 실타래 풀어
영원이듯 유장하게 그리워한다
불치의 내 지병이다

조각보자기

바늘이 천을 뚫어
실이라는 혈관을 이어주면
바늘에 찔려서 아픈 천조각들은
몸을 다친 두 사람처럼
서로의 상처를 포갠 채
하나로 봉합되고

한 땀 한 땀 기워가는
더디고 촘촘한 손바느질로
작은 것, 큰 것, 더 큰 것
심지어는 오백 조각까지를 이어 붙인
통이불이나 이불보마저 지어내어
자식들 혼수에 보태주던
옛 어머니들의 사랑
옛 어머니들의 예술

이건 수예품 그 아닌

바위 헐어 돌집 짓듯이 하는 노동.
기도 일념으로 세운
세계 유일의 조각보공화국.
보물섬 지도보다
더 보배인
찬연한 문화지도,

명인들이 두는 바둑판처럼
생각 몹시 깊었으리
맵고 청청한 그리움의 근력쯤으로
침침한 호롱불 아래에서도
한 푼 어긋남 없이
이 일 해내었으리

비단, 모시, 무명, 종이까지
질감으로 구분하고 가위로 윤곽 추려
불인두 지나면서 구김도 펴니

어느 건
기하학의 구도와 질서로
어느 건
무지개 색조와 그 언저리

파격으로 다듬어지고
그 위에
개성과 격조가 송알송알 맺히니
아름다움을 넘어
지극 신비하다
수백 년 풍상의 무게 그 위에
설풋이 운무도 감도느니
산신령 아닌 보자기 신령님이
필연 여기 계시리라

제3부

노을 · 2

번개 치는 일보다
오만 배쯤 무섭고 황홀하게
서녘 하늘에 가로누운
저 사람,
태고부터 오늘까지
살기 위해 피 말린 이들의
진홍 피알갱이를
얼마나 많이
구름 속의 물과 얼음으로 반죽하여
저런 선홍을 입었을꼬

노을 · 3

상사병 닮은
몸살 후
어질어질 하늘 바라보니
이거야말로 천하 첫째 될
심각한
짝사랑 상사병이
너무 멀리서
너무 멀리서
붉은 눈시울로
이 깊은 땅을
굽어본다

바다 카나리아

북극의 겨울 넉 달은
밤에도 숙면의 이불자락이 없는 백야
눈과 얼음의 흰색 어질머리 속의
한 눈금 선연한
비취빛 바다 위를
흰 고래들이 이동하며
부르는 노래

시속 백육십 킬로의 강풍을 타고
높고 매우 아름답게 울려
저들을 바다 카나리아라 일컫는다나
한데 이를 어쩌나
은빛 작살들을 번득이며 아마도
포경선 뒤쫓을 텐데…

아름다운 건 슬프고
더 아름다우면 더욱 슬픈

목숨의 명운을
저들도 알고 있어
바삐, 열심히, 혼신으로
노래하는지 몰라
사람이 쓰는 만 권의 책만큼을
줄이고 줄인 사연
그 노래일지 몰라

승천

「사랑을 위해 죽는 여자를
당신에게 보여줄께요」
텔레비전 화면 안에서
절망한 한 여자가 즉시 죽었다

스스로 탄피를 부숴내고
폭발한 한 발의 탄환
그 여자가
아무 짓도 하지 않은 나에게
도전하고 승리했으며
내 안의 비겁자를 고발하여
재판도 없이
사형을 집행했다

그리고는
풋복숭아 빛깔의 소낙비를
잠시 퍼붓고
금빛으로 승천했다

환한 경치

선물상자
그 마지막을 열었더니
불시에 눈앞을 막아서는 사람 하나
상자에 다시 넣기엔
이럼없는 그대

멈추었던 일천 개의 시계와
일천 가지 애환이
출석부 부른 듯이 푸드득 깃을 친다

번개 치며
사람 죽일 벼락 내려도 좋을 만큼의
축복인지
남의 상자 잘못 연
낭패인지
하여간에 경치만큼은
참 환하다

섣달 그믐날

새해 와서 앉으라고
의자를 비워주고 떠나는
허리 아픈 섣달 그믐날을
당신이라 부르련다
제야의 고갯마루에서
당신이 가물가물 사라져가는 걸
뚫어서 구멍내는 눈짓으로
나는 바라봐야겠어

세상은
새해맞이 흥분으로 출렁이는데
당신은 눈 침침, 귀도 멍멍하니
나와 잘 어울리는
내 사랑 어찌 아니겠는가

마지막이란
심오한 사상이다

누구라도 그의 생의
섣달 그믐날을 향해 달려가거늘
이야말로
평등의 완성이다

조금 남은 시간을
사금처럼 귀하게 나누어주고
여읜 몸 훠이훠이 가고 있는 당신은
가장 정직한 청빈이다

하여 나는
가난한 예배를 바치노라

나비의 노래

나직이
꽃의 키높이로 날면서
고요하여라 사랑하여라고
마음의 복음
순하게 울려주는
나비여라 나비여라

루비, 사파이어,
현란한 보석들은 못 가진
아프게 어여쁜 생명들이어라
애벌레, 고치이던 허물을 벗고
마침내 빛부시게 날아오른
초능력의 날갯짓이어라
순열한 기쁨이어라

자운영 꽃동산인 함평
꽃빛깔 꽃향기 꽃의 양분으로

온갖 식물 가꾸어 거두는 함평이
나비사랑 나비축제로
이제는 세계의 나비전도사로다

아아 나비여라
가장 화려하고 가장 애처롭게
가슴에 안겨오는
우리 막내둥이여라

모순

마음을 잘게 썰어
한 조각씩 나누어 주면
저마다 흡족해 하고
보름달 통째로
한 사람에게 공손히 주었더니
아뿔싸
진흙에 내굴리네

말의 연금술

희망 없는 희망이라니,
아리송한 말이다
그래 봤자 큰 일 중첩한 오늘의 세상은
시인의 어법쯤 상관 않는다

시인들은 말과의 동거를
혼인신고처럼 서약했으되
외출복 입은 말부터 애지중지
세상에 자랑하고
상처 깊거나 죄의식 적신 말들은
늑골 갈피에 가두어 둔다
사후에 발각되기도 하지만
덧없어라
뿌리 잘린 꽃인 것을

말의 비방
말의 연금술을 누가 아는가

쇠락해가는 대자연과 사람의 영혼에
봄을 주입할
영묘한 수사학은 무엇인가

희망 없는 희망이란
시인들 스스로의 정직한 고뇌요 고백임을
얼마간 알 듯하다

시 쓰는 날

쓰던 글을 잠시 접고
마음의 벌판을 펼쳐 놓는다
향나무 연필로 그리는
내 추상의 지도는
사방팔방이 바람의 통로여서
바람 오가며 수북이 떨군 바람들의 씨눈
그리하여 자란 바람나무 숲의
빛과 그늘이어라

삶의 감개무량이
오늘따라 일제 사격으로 들쑤시고
그간의 고마웠던 일들
층층으로 되살아나니
이야말로
태산 같은 큰 일 아니리

나의 친구들

수없이 세상을 떠났으되
몇몇은 함께 남아 오늘 문인주소록에
이름 서로 기대고 섰음이랴
다만 내 옷자락
이리도 남루하니
누군가 눈물 흘린다 해도
황송하여 어이 닦아주리

바람 따라
생각 흐르는 사이
졸문 몇 줄이 붓끝 어스름으로
잡히는가, 아닌가

조용한 시간

가장 고요할 때
한 음성 울린다
「내 마음 예 왔음을 그대 아는지」
「알도다 그 먼저 내가 기다렸느니…」
나의 마음이 응답한다

눈 내린 새벽처럼
세상이 순백의 적멸로 완성되고
하늘 너머의 어느 먼 하늘인가에서
이름 없는 음악
처음 태어나는 선율이
참아온 온 세상의 눈물처럼
넘쳐 흐른다

아가의 생일

오랜 기다림 끝에
회임한 그녀
삼 개월 된 태아는 호흡폐색으로 숨지고
의사가 짚어준 분만예정일이
아가의 생일 되었다

꽃과 눈물과 촛불
아가의 생일은 간절하고
아가는 없다
지난해는 네 살
올해는 다섯 살이라고
귀여운 나이는 자라고
아가는 없다

아가의 생일 멈추지 않는 한
아가의 엄마는
지상에서 가장 적게 죄짓는
그 사람이리

위험한 사회

성냥갑 쥐고
불 지를 충동으로 숨결 멈춘
아이들과
아이보다 많이 발전한
성냥갑 쥔 어른들은
그 더욱 불 지를 흥분
즐거워서 라, 라, 라

어떤 나라

어른은 없고
아이들만 사는 나라
그렇지 않아
어른 되려고
아이들 바삐바삐 자라는 나라
그래 맞아
그 희망 있어
햇빛 비추는 거야

보름달 사백 번이 솟아

『문학사상』 사백 호를 손에 드신
당신, 고맙습니다
보름달 한 번에 책 한 권을
보름달 사백 번 솟은 그 세월에야
이 책 여기 있습니다
이 감개무량에 동참하신
당신, 반갑습니다

세계사의 질풍과 현대사회의
혼미 속을 가로지르며
그 한 번도 품 안에서 내려놓지 않은
한국의 희망
한국인의 추구와 기도가
이 책에 모두 비추었군요
그래서 『문학사상』이랍니다

손으로 아니 피멍든 손톱으로

목화실 잣아 무명 사백 필을 짰느니
거문고 사백 틀 지었느니
사백 척의 배를 출항시켜
사람이 이로 인해 사람인
머리와 가슴 안의 진실들을
먹물 글씨의 문신으로 새겨
사람의 육지와
무한 시공으로 실어 보냈으니

이 아득함을 천직으로 섬겨온
당신들, 장하십니다
이 노릇 유구히 이어갈 미래의
당신들, 아름답습니다

책 읽는 서울

청명한 가을 첫머리
가슴에 물 대듯이
다른 이의 말씀을 들어보자
대숲처럼 솨 솨, 소리 무성한 터에
멈추어라 고요하라고
정지 신호등을 비추고
다른 이가
마침내 확신의 즙으로 쓴
책들을 읽어보자

이 혼미의 현실 속을
함께 묶여 행군하는
시대의 동지들
그들이 땀과 소금으로 쓴 책이라면
땀과 소금의 글씨를 읽자
진단서와 처방전이면
보배로운 치유와 바꾸리라

벼랑 위의 게시판일 땐
더욱 만인의 지혜 되리

바로 이 마음으로
책 읽는 서울 되자
아니 책 읽는 대한민국 전부가 되자
도시와 농어촌, 항구와 낙도,
개개인의 책상머리에
독서의 등불을 밝히자

책갈피를 가르니
고귀한 우리의 한글이 기다려 있었구나
다른 나라 책들도 번역되어
한글로 옷을 갈아입었구나
정신의 식량은 책이니
책으로 정신을 충만하게 하자
도서관, 독서실, 마을문고, 가판대,

서점과 출판사가
융성하게 하자

아아 서울이여
우리나라 전부여
사람이야말로 살아 생동하는 책이니
향기로운 문장으로
서로 읽혀주는
따뜻한 이해와 공감이 되자
서울이여
유구한 대한의 심장이여

친구의 안부

한 친구의 안부가
갑자기 궁금하다
오래 소식 못 들었는데 무고할 테지
아프거나 상배를 했거나 혹시는 본인이?
그럴 리 없어, 절대로 없고말고
긴장에 덜미 잡혀
어찌할 바를 모른다

잠시 후
이런 낭패가 있나
평온하게 종이를 부스럭거리며
신문 따위를 읽다니

제4부

하늘깃발

길 가다 비를 만나
잠시 들어선 낯선 집 추녀
그 집에 젖은 마음 이끌렸으나
나는 들기를 마다하고
그 집 사람 대문 닫으니
그저 그뿐이어라

귀로에 만난 사람 없고
내 집에 와서 나를 기다린 이도 없으니
거듭 그뿐
빈 상자 열었다가 빈 채로
다시 닫을 즈음에

비 개인 하늘이
사람 마음의 다친 실핏줄들을
제 몸 실밭에 받아 감아
바람 깁는 바늘귀도 청청한
청모시 하늘깃발로
너울거림을 본다

골목길

편지처럼 비밀스런
골목길 안으로
편지봉투 열고 들어가 볼걸
산 넘고 물 건너이던 그때 그 먼 사람과
낯선 골목길에라도 한 번
스며들어 볼걸

귤빛 적시는 대문등과
누구나 평생의 한 이름인 남의 집
귀한 문패들,
안녕하세요 안녕하세요
제 둥지를 찾아오는 이들
너무나도 측은하고 사랑스러워
헤프게 포옹하고 싶어
그러나
그도 저도 내 과분한 꿈의
끝자락이었을 뿐

오늘은
저문 세월의 열두 대문 안에서
거뭇한 가마솥에
못해본 아쉬움의 약초즙
달이고만 있다

삶의 진맥

삶의 진맥이란 가능한가
어느 명의라 해도
환부의 겹겹 붕대 위를 더듬을 뿐
속갈피의 상처 못 읽는다
희석된 병증이면서 우, 우, 우,
바람 소리에 섞여 울리는
비명들

친구여
우리의 고통 이해되지 못하고
남은 세월 땡볕 아래 얼음과자라 해도
괜찮다 괜찮다
고맙게 이미 오래 살았다

먼저 간 이들은
주민등록번호 등 숫자 벗어버리고
피멍울도 모두 고쳐

이제는 태극기 내걸고
하늘글씨로 환하게 시를 쓰는지

아픔 더할수록
사람다우리라 믿으면
저들 만세
우리도 만세가 아닐까보냐
친구여
고통을 겁내지 말자

저문 세월에

누군가 만경창파에
튼실한 배를 띄우고
햇무리 어른어른
뱃전에 그림자 지우는 거기에
나를 얇게 실어준다면
엄마 등에 업힌
아이처럼
황홀히 안전하련만

아니야
그쯤엔 미달이라 해도
정든 이 세상과
오늘도 두 손 마주 잡고
이미 나는
잘 놀고 있다네

일상의 행복

스위치 누르자 전등 켜져 밝다
수도에서 더운물 찬물 잘 나온다
냉장고에 일용할 음식의 한 가족 살고
작동 즉시 전율 휘감는 음악
한 그루 나무에도
공생하는 새와 곤충들 있어
저들 숨쉬는 허파와 그 심장 피수머니
숙연하다
그림자 한 필 드리우는 구름과
지척에 일렁이는 바람 손님들

이즈음 왜 이런지 몰라
사는 일 각별히 소중한지 몰라
모든 사람 누군가를 사랑하는 힘으로
준령 오르고 있으리
눈물 말리며 걸으리
그러한 이 세상 참 잘 생겼다고
왜 문득
가슴 움켜잡는지 몰라

이별의 사연

1
한밤중 그의 심장이 멎자
웬일로 폭우 쏟아지고
장례날에도 큰 비 퍼부어
운구만 겨우 하고 모두 하산했다
비닐을 씌운 관 속에서
어서들 내려가라고
그가 오히려 조바심쳤다
그 후 새 무덤 하나에
눈물 풍족하여
잔디가 잘 자랐다

2
떠난 이가 오른 층계를
남은 이가 뒤따르는 이치어니
그가 오층일 땐
내가 삼층이면서
도착지에선 필연 만나고

우주의 시간으론 잠시의 차이려니…
맵싸한 평온을
추스르는 사이
가시와 피가 얼싸안았다

3
여름엔 가을까지 견디자
가을엔 겨울까지만 참아내자 했다
살얼음 갈아엎는 쇄빙선의 겨울 항해로
사람 하나 찾아 다녔으나
끝내 허사였다

4
아주 못 견딜 때 촛불을 켜고
견딜 만하면 불빛을 지운다
얼마큼의 여러 계절, 여러 해, 여러 십 년 동안
이 불망의 달은 뜰 것이랴

쾌유를 위하여

그의 고통에게
절하며 부탁한다
그를 부드럽게 대해 달라고, 아니
착오로 방문했으니
어서 떠나 달라고

세상이 주지 않는 건
세상에 되돌림으로
누구도 다치지 않게 한 사람이라고
그의 생
겨우 온화해지려는 참에
문 닫을 수 없다고

그의 고통
소슬한 절벽 앞에
예배로 탄원한다
해 뜨고 바람 부는 이승의

고락을
하늘의 한 순갈인
물방울의 나달 동안
부디
나누게 해 달라고

떠나는 이를 위하여

하느님
세상을 하직하고 떠나는 이에게
노자는 어이 건네는지요
무겁지 않고 쌓아둘 곳간도 필요 없으며
생금처럼 변치 않을 노자를
부디 주고 싶습니다

그와 사별한 오늘에도
제 사랑은 한결같습니다만
이제 무엇이 그에게 쓰임 있을지
전하는 방도는 어떠한지
도무지 알지 못하겠나이다

생이 심연일진대
죽음은 심연 너머의
그 더욱 아득한 어디이나이까
오오 하느님

그 일 후에

나는 좌절과 동거하며
비탄의 늪에서 허우적이다가
패배의 백기를 내걸었다
낡고 구겨져
망가지고 분해되었으며
이후의 희망과도
미리 헤어졌느니

그날 그 일 후에
마음이 절벽에서 투신해
이리 되었다

자식의 일

오늘은 자식을 위해
기도합니다
세상의 하고많은 사람의 자식 중에
유독 제 자식을 지목함을
용서하십시오
오늘따라 생의 쓸쓸함이
별스러운 폭풍으로 그에게 덮치고
앞뒤 출입문이 막혔습니다
저의 허물로
제가 유전시킨
과민과 감상보따리가
출생 이래의 지병임도
정녕 민망합니다

비오니 제 자식을 구해주시고
두 몫으로
저의 죄를 셈하소서

슬픈 날에

슬픔 고치는 처방은
더 큰 슬픔에 안기거나
슬픔에 순절하여 죽는 것
옛날 내 어머니는
중환 중에도 자식 위한 기도
그치지 않아
그 음성 아직도 살아 울린다
힘내어라 힘내어라
거듭 분발하라…

정녕 예삿일 아니다
불운 단명했던 부모형제가
그분들 삶을
나에게 의탁했거늘
그 뜻을 한사코 갚아야 한다
그러할진대
나의 슬픔이여

우리는 출렁이지 말고
오늘 또 다시
저 산을 넘자

답안지

그리하여 이 시대의 궁핍도

유사 이래 여전히

사랑이라고

답안지를 쓴다

희망에게

그대 원대로 하렴
왔는가 하는 참에 벌써 작별인사라니
그럼 그렇게 하렴
가는 길 잘 살펴 가렴

바람 부는 세상
풍차 돌리다 돌리다
문득 편지 한 장 보내라도 준다면
치미는 어질머리의
고마움이고말고

피 같은 세월
물처럼 퍼담아 쏟아버리고
그 언제 허깨비처럼
내 앞에 나타난다면
차마 아니 믿기면서
반갑고말고 반갑고말고

그도 저도 아니고
나의 생 끝날에야 겨우 찾아온다면
내 이르되
너무 늦은 건 아니라 하리
또 이르되
어서 다른 데 가보라 하리

침묵

그들은 침묵한다
말하면 법령 되고 글로 쓰면 칙서가 되는
두 왕조의 군주들처럼

회산촉 하나 쏘아
꽃의 가슴에 명중한다면
심중의 진실
피를 뿜으며 만발하련마는
하세월 침묵만…

언젠가 한 사람 세상 떠나고
남은 사람
후일에 뒤따른다면
침묵 홀로 영생하리

절망에 싹트는 희망 있으니

사람에게
깨지 않는 잠은 한 번뿐이며
지금 여기 한 크신 분이
깊은 수면에 드셨으니
온 세상이여 고요하여라

이분은 일찍이
장엄한 감동을 온몸으로 아시어
장중한 교향곡의 전 악장을
전율하며 일상으로 들으시고
심연에서 울리는 묵시도
순열한 가슴으로 헤아리셨어라

드높은 창공으로
거대한 비행기를 밀어 올려
명문 아시아나항공을 창립했으되
오히려 과묵과 겸허뿐이더니

오늘은 왜 이러시는가
홀연 이승의 수저를 놓고
빛과 시간도 접어 하늘에 되돌리시니
갑작스런 빙하기
눈과 얼음의 새벽이더라

우리 시대에 이분 계시어 고마웠고
만나지 않아도 서로 풍요로웠는데
왜 이리 서두르시는가
작별도 손 흔듦도 없이 어느새
강 저편에 아득히 서 계시다니

그간 의료기관에 몸을 맡겨
실바늘 밟는 고통을 이겨내며 달리는
마라토너처럼
도착 즉시 다시 출발하는 참담한
마라토너처럼

가열한 투병을 견디셨으니
생명의 대접에도 최선을 다했어라

그 이름을 朴晟容이라 이르는
심히 아름다운 분이
이 아침 홀로 먼 길을 떠나시다니
서름한 지도, 처음 읽는 주소로
오늘의 쉼집을 어이 찾을지
외로워 어이 가실지

그러나 절망에 싹트는
희망도 있으리니
우리가 이분을 잊지 않고
그 삶과 뜻을 이어간다면
이별 너머 다시 만나는 그날
모두 함께 복되리라

오승우의 십장생

오승우 화백이
막 눈발이 그친 하얀 세상 같은
캔버스 한 장을 펴 놓으면
바람, 안개, 아지랑이부터 들어오고
하늘, 산, 바위, 소나무, 대나무,
학과 사슴, 물과 거북이 뒤따르고
해와 달, 구름들 들어와
저마다 편히 앉는다

우리의 오승우 화백은
색채와 배치의 새 문법으로
이들에게
빛깔과 구도를 경이롭게 입혀주니
해는 아련한 복사꽃 빛깔로
달은 청과일빛 푸른 색조로
산은 희거나 청남빛, 그 위에
하늘 가득 꿈꾸는 노을
학들은 흰 날개, 분홍 날개

사슴은 햇병아리의 노란색,
거북은 수묵빛으로 그어주니
바람과 빛이 선회하며
괄괄괄 잔잔한 웃음소리

전통과 현대의 두 혈액에서 뽑은
몽상의 축제여라
미학의 극치여라
동양의 유구한 지혜요
오늘에도 불변인 희구 그 장생불사와
삼라만상의 화목함이 넉넉하구나
자연과 사람의 마음이
서로 거울처럼 비추이는구나

정통회화에 경건히
오승우 화백의 예술혼이 접목된
십장생, 절묘하고 보배롭다

열린 마음의 나라

먹구름이 태양을 가릴 수 없듯이
이 시대의 사랑 그와 같아라
부름과 응답의 새벽 열리니
우리는 모두 하나 열린 마음의 나라
우리는 한마음 열린 사랑의 나라

세상의 모든 이가 한 하늘 아래
강물도 모여서 바다인 것을
다수의 소중함 가슴 가득히
우리는 모두 하나 열린 마음의 나라
우리는 한마음 열린 내일의 나라

포옹과 소망의 언어

고 은

분명코 경사인데, 칼집에서 칼이 나와 이리도 시퍼렇구나.

잠언적 생애 60년을 시인의 연월로 다해버린.

염원적 생애 80년의 영락없는 삶의 한 자락이 여기 70편의 귀중한 오늘의 시품들로 하여금 범 불빛 숨차게 명멸하는 시단에 나들이시니 어쩌랴.

누가 말해 오던가. 김남조의 시는 사랑의 시라고, 김남조는 사랑이라고.

여기서도 묻고 싶은 바는 그 사랑과 그것에 바로

잇대어져 뿌리내린 신앙은 어떻게 다른가였다. 이 사람아 그것이 어찌 둘이겠나 하고 일깨우는 소리가 바로 들리지 않는가.

이 필생불변의 시인에게서는 그러나 사랑은 그냥 사랑 타령이 아니다. 그것은 고행이고 연단의 다른 이름이니라.

그러매 그 포옹과 소망의 언어 또한 손끝의 혀가 아닌 시커먼 가슴속 응혈의 우직한 아픔 없이는 어림없었으리라.

여기 천상은 처녀이고 지상은 모성이로다.

절망적 연애의
그 대상을 바라보듯이

김남조

비 오는 소리 들으니 좋다.

좋다고만 말하는 어법이 다수 괜찮은 듯하다. 수식과잉의 타성이 교정되기 시작하는 것이라면 말이다. 문인은 말에 감겨 말하고자 하는 요점을 흐려버리거나, 말에 기대어 뜻의 공소空疎함을 자각 없이 외면하는 우를 범하기 쉽다.

나는 수필류를 많이 썼고 책이 잘 팔리는 한 시절을 가져보았는데 이때의 어법이 과도한 화려 만연체였기에 후일 선집 등에선 삭제, 삭제를 거듭하기도 했다.

세월 깊어지면서 간결성의 공부를 스스로 부과해왔다고 할 수 있다. 사실상 중요한 건 표현이 아니고 뜻일 것이었다. 노년기에 접어들면서는 좌중의 얘

깃거리들에서도 더러는 짜증이 나고 때로는 고통스럽기조차 하다.

 노년기란 단어가 나왔으니 여기에 대해 생각해 봐야겠다. 노인이 되었어도 사람의 본질이 달라지는 건 전혀 아니었다. 그러나 동일한 자아에의 권태와 기묘한 난감함이 치받아 오르기를 자주 했었다. 옷을 바꿔 입듯이 청신한 자아로 교체할 수가 있다면 얼마나 좋았을까. 그 청신한 나를 지니고 청신한 사유, 청신한 창작, 모든 청신한 학습과 무엇보다 청신한 감동을 벅차고 감미롭게 나의 온 감성으로 흡입할 수 있었다면 말이다.

 그러나 노년기도 나쁘진 않았다. 그 손님은 세월에 실려 저절로 왔을 뿐 아무런 고의도 없는 무죄한

방문객이었고 나란히 앉아 햇볕이라도 쪼이면 과일이 익듯이 순리에 따라 나름의 단맛과 자양이 고여 올 것이었다. 그 온유함과 관용, 자주 지침으로 자주 쉬어야 하는 '쉼'은 그야말로 태어나서 처음으로 안겨보는 안식의 요람일 수 있었다.

  올해 후반기엔 팔순이라는 명패를 달고 한두 시간쯤 진열장 속 같은 좌석에 앉아야 할 형편이 예상된다. 먼젓분들이 했듯이 새 시집이나 내어 출판기념회라는 명목으로 책이나마 한 권씩 드려야겠다고 생각하고 있다.

  「사막」 연작시는 시작에서부터 무리가 없지 않았다고 스스로 되뇌이면서 쓰고 있다. 수년 전 네바다

사막의 한 부분을 문우들과 함께 차를 타고 통과했을 뿐인 허약한 체험에서 시작했었고, 그러나 그 후에 문헌을 통해 사막의 생태 등을 다소 배우고 익히기는 했다. 생존하기 위해 5천 킬로 이상을 이동할 수 있는 메뚜기 떼와 사하라에서 몽골까지도 가는 도래까마귀와 후투티 등, 연평균 0.6밀리미터밖엔 강수량이 없는 칠레의 아타카마사막에도 생명체가 있다는 사실, 사막에도 색조가 있어 멕시코사막은 백색, 사하라사막은 주황색과 노란색, 나비브사막은 황색, 오스트레일리아의 심프슨사막은 붉은색이 주조를 이룬다는 등, 사막의 면모는 놀랍고도 무한 신비하였다.

그러나 내가 잠시 보고 느꼈던 사막은 '강력한 태

고' 와 '심각한 남성성' 으로 커다란 획을 그었다고 할 수 있다. 사막은 그러한 관념들의 출입구요 그 안은 무궁 무량하여 빠져나올 뒷문은 결코 찾지 못할 것이리라. 아니 그 이상으로 사막은 어떤 절망적 연애의 절망적 대상 같은 것일 듯했다. 나는 '사막의 한밤중' 을 상상하며 전율을 느꼈고 그 시간대 안에서 '옹고집 독신남자' 가 누구 또는 어떤 상황이나 기류나 묵시 등을 만나는지를 참으로 알고자 했다. 사막이 일으켜주는 공포를 사랑하게 되었고 그의 냉혹함을 견뎌보고도 싶었다.

시 쓰는 일은 고통스럽다. 모든 시인이 이 고통에 짓눌려서 비명을 내어지른다고 말할 수도 있다. 그러나 시를 쓸 때야말로 내가 살아 있음을 가장 명확하게 실감하기에 이 사실의 가치를 인정해준다.

20년 더 되는 옛날 고관절 골절이라는 부상을 입고 두 번의 전신마취로 두 번의 수술과정을 겪었었다. 그 후 의사가 권하는 재활치료에 전념했더라면 오늘처럼 지팡이 몰골을 주변에 관람시키지 않아도 되었을 것이다. 그러나 그 과제를 나는 내던져버리고 마음속에 치미는 갖가지 소용돌이를 맛있게 반추하면서 시라는 친구와 포옹하며 지내었고 그 와중에 남편이 별세하는 등, 이런 모두를 한데 버무려 엮어낸 12시집 『바람세례』에는 내 나름으로 좋은 시가 많이 담겼기도 하다.

이후엔 더 천천히 쓰려 한다.

시는 다른 여러 좋은 것들과 함께 인류의 것이므로 개인은 아주 조금만 기능을 바치고 다른 여러 사람이 내놓은 성과물들을 공손히 함께 맛보면서 기다랗게 이어진 행렬의 한 작은 고리로서 시간의 궤도를 흘러가면 될 것이리라 싶다. 아주 조금, 나는 시를 쓸 터이지만 그렇다고 태만과 이탈만은 결코 용납하지 않을 것이다.

여백도 글씨일 수가 있다. 나 또한 종이에 먹으로 자획을 그어서 내놓는 작품이 아니더라도 시가 태동하는 정신과 휴화산 아닌 활화산의 맥동, 청신한 감수성과 전령全靈에 살아서 흐르는 혈관을 지닐 수만 있다면 이에 무엇을 더 바랄 것이랴.

빗소리 아직 들린다. 빗소리 들으니 참 좋다.

■ 김남조 약력

1927년 경북 대구 출생.

1951년 서울대학교 사범대학 국문과 졸업. 고교 교사, 대학 강사 등을 거쳐 1955~93년 숙명여자대학교 교수 역임. 현재 명예교수.

〈연합신문〉, 〈서울대 시보〉, 〈사대신문〉 등에 작품을 발표하면서 정한모, 정한숙, 전광용 등과 교유하였고, 1953년 시집 『목숨』을 간행. 이후 15권의 시집과 『잠시 그리고 영원히』 등 12권의 수상집 및 콩트집 『아름다운 사람들』과 『윤동주 연구』 등 약간 편의 논문과 편저가 있음. 영어, 일본어, 독일어, 스페인어 등의 번역시집이 있음.

한국시인협회, 한국여성문학인회의 회장과 한국방송공사(KBS), 문화방송(MBC) 이사 및 교육개혁심의회 위원을 지냄. 1990년 예술원 회원, 1991년 서강대학교 명예문학박사 학위를 받음.

한국시인협회상, 서울시문화상, 대한민국문화예술상, 12차 서울 세계시인대회 계관시인, 3·1문화상, 예술원상, 일본 지구문학상, 영랑문학상, 만해대상 등을 수상하였으며 국민훈장 모란장과 은관문화훈장을 받음.

귀중한 오늘

지은이 | 김남조
펴낸이 | 설보혜
펴낸곳 | 시학 Poetics
1판1쇄 | 2007년 9월 20일
1판2쇄 | 2007년 10월 15일
1판3쇄 | 2007년 11월 15일
1판4쇄 | 2007년 12월 20일
출판등록 | 2003년 4월 3일
주소 | 서울 종로구 명륜동1가 42
전화 | 744-0110
FAX | 3672-2674

값 10,000원

ISBN 978-89-91914-33-9 03810

* 이 책은 한국문화예술위원회가 선정한 우수문학도서로
국무총리복권위원회의 복권기금을 지원받아 무료로 제공합니다.
(참조 : www.for-munhak.or.kr)

* 저자와의 협의에 의해 인지를 생략합니다.
* 잘못된 책은 바꾸어 드립니다.